AUF DEM WEG INS LICHT

MIRIJAM ERD

AUF DEM WEG INS LICHT

Bibliografische Information der Deutschen Nationalbibliothek:
Die Deutsche Nationalbibliothek verzeichnet diese Publikation
in der Deutschen Nationalbibliografie;
detaillierte bibliografische Daten sind im Internet über
http://dnb.d-nb.de abrufbar.

© 2008 Mirijam Erd
Satz, Umschlagdesign, Herstellung und Verlag:
Books on Demand GmbH, Norderstedt
ISBN: 978-3-8370-6149-9

Die Botschaften in diesem Buch, die Louis übermittelt, sind an die Menschen gerichtet, die sich in gleicher oder ähnlicher Situation befinden, aber auch an diejenigen, die ihr Bewusstsein erweitern und verändern möchten und bereit sind, zu mehr Licht und Liebe zu werden, um im Einklang mit sich selbst und ihrem Leben zu sein.

Vorwort

Weil ich erfahren habe, was es bedeutet, sein eigenes Kind zu verlieren und das Glück zu haben, von der Trauer wieder zur Liebe gekommen zu sein, habe ich mich spontan dazu entschlossen, dieses Buch zu schreiben. Damit will ich andere Menschen an meiner Erfahrung teilhaben lassen und ihnen den Weg zeigen, ihr Herz zu öffnen und wieder zu vollkommener Liebe und Freude zurückzufinden.

Eine Freundin meiner Mutter, hat mir schon vor Jahren gesagt, ich solle ein Buch über die Geschichte und den Tod meines Sohnes Louis schreiben, um andere Menschen an meinen Erfahrungen teilhaben zu lassen.

Doch zunächst kam das für mich nicht in Frage. Ich hatte alle Unterlagen über Louis – Arztberichte, Krankenhausberichte, Berichte über seine Geburt – weggeworfen. Ich hatte nie vor, ein Buch zu schreiben.

Vor ungefähr zwei Monaten saß ich vor dem Fernseher und verspürte plötzlich eine Eingebung. Es war, als hätte mir mittendrin einfach jemand gesagt: Schreibe ein Buch über deinen Sohn, du musst jetzt das Buch schreiben! Fange gleich damit an.

Ich habe einige Tage darüber nachgedacht, weil ich doch eigentlich gar keine Lust hatte zu schreiben und keine Ahnung, wo und wie ich damit anfangen sollte. Wenn überhaupt, dann wollte ich sowieso nur ein Buch der Liebe und Leichtigkeit schreiben.

Ich betrachtete mehrere Bücher von Eltern verstorbener Kinder, las aber keines zu Ende, denn sie waren mir alle zu schwer.

Ich wollte nicht nur über die Trauer, den Schmerz und die Vergangenheit schreiben. Ich wollte mit meinem Buch die Liebe und die Dankbarkeit unserer Kinder vermitteln, die sie mitbringen und die wir nach ihrem Tod sogar noch viel stärker spüren können. Ich wollte zeigen, dass es wichtig ist zu erkennen, dass wir auch nach ihrem Tod wieder Freude und Glück erfahren können. Dass unsere Kinder aus reiner Liebe sind und dass wir nicht alleine sind, wenn wir nur unser Herz öffnen, um in vollkommener Liebe und der unendlichen Kraft ihres Lichts, ihres Seins mit ihnen verbunden zu sein. Das ist ein so wunderbares Gefühl, und jeder Mensch, der es will, kann dieses erreichen, egal welches Schicksal er hatte.

Widmung

20. Oktober 2007

Lieber kleiner Louis,
mein kleiner Schatz,

dieses ist die letzte Seite in diesem Buch, die ich jetzt schreibe. Ich widme dir dieses Buch, das ich mit deiner Hilfe geschrieben habe, zu deinem heutigen achten Geburtstag und zu deinem sechsten Todestag am 26. November 2007.

Ich habe dich sehr lieb!

Ich danke dir für die Zeit, die du bei uns warst, für die wundervolle Zeit, die du mir geschenkt hast.

Ich danke dir für dein Lachen, die Freude und das Glück, das du mir bereitet hast.

Ich danke dir für all die Erfahrungen, die ich durch dich machen durfte, dass ich an dir wachsen und reifen durfte.

Ich liebe dich sehr, und ich freue mich, mit dir eins sein zu können und deine Liebe tief in meinem Herzen zu spüren.

Ich danke dir dafür, dass du auf einem Teil meines Weges mein Lehrer warst und mir viele Dinge von einer anderen Seite gezeigt hast. Durch die Erfahrungen mit dir habe ich viel gelernt.

Mein Leben hat sich komplett gewandelt, mein Denken, mein Handeln, meine Prioritäten, ja mein ganzes Bewusstsein hat sich verändert.

Ich freue mich darauf, bald wieder in engem Kontakt mit dir zu sein.

Ich bin dir sehr dankbar für alles.

In ewiger Liebe
Deine Mama

Louis wird geboren

Es war der 20. Oktober 1999. Am Vormittag war ich – eigentlich nur zu einer ganz normalen Vorsorgeuntersuchung – bei meinem Arzt, und es stellte sich heraus, dass unser kleiner Sohn Louis wahrscheinlich heute noch auf die Welt kommen würde. Zwar wäre das fünf Wochen zu früh gewesen, aber ich freute mich sehr. Ich konnte den Zeitpunkt kaum erwarten.

Die letzten Wochen hatte ich sehr starke Senkwehen, und der Muttermund war bereits vier Zentimeter geöffnet. Louis lag mit seinem Köpfchen seit einiger Zeit fest in meinem Becken.

Als wir im Krankenhaus ankamen, war die Fruchtblase noch geschlossen, und Wehen hatte ich auch nicht wirklich. Der damalige Oberarzt, der Vater eines früheren guten Bekannten, fragte mich, ob ich möchte, dass mein Sohn heute auf die Welt kommt.

Natürlich wollte ich das. Ich wollte ihn endlich in meine Arme nehmen, mit ihm schmusen und kuscheln, ihm einfach nur ganz viel Liebe schenken.

Nach dem Öffnen der Fruchtblase bekam ich langsam Wehen, die nach einem heißen Bad immer stärker wurden. Nach etwa zwei Stunden hatte ich unseren kleinen Sohn Louis auf meinem Bauch liegen, ein kleines, warmes, nasses Etwas, nur mit einem Handtuch zugedeckt.

Dieses unbeschreiblich schöne Gefühl werde ich niemals vergessen.

Louis hatte bei der Geburt die Nabelschnur um den Hals gewickelt und bekam nach dem Durchtrennen für ein bis zwei Minuten lang Sauerstoff.

Als er eine Weile auf meinem Bauch gelegen hatte und ich völlig in seine Energie eingetaucht war, konnte ich seine absolute Liebe und Wärme spüren. Ich war völlig im Einklang mit ihm.

Nachdem etwa eine Stunde vergangen war und wir auf unserem Zimmer waren, schien die Sonne durchs Fenster genau auf Louis. Er lag in seinem kleinen Bettchen, in eine Decke eingekuschelt, mit seinem hellblauen Schnuller im Mund und schlief ganz fest.

Er verschlief den Rest des Tages und die ganze Nacht. Die Geburt war offenbar sehr anstrengend für ihn gewesen.

In der darauffolgenden Nacht war Louis sehr unruhig, er hatte Bauchweh.

Ich nahm ihn zu mir in mein Bett und legte ihn auf meinen Bauch. Wir schmusten und kuschelten die ganze Nacht. Ich empfand so viel Liebe, Freude und Dankbarkeit für meinen Sohn. Ich war in dem Gefühl der vollkommenen Erfüllung und des absoluten Glücks. Es war so wunderschön.

Am nächsten Tag waren Louis' Leberwerte etwas erhöht, die auf eine Gelbsucht hindeuteten. Wir stellten ihn in seinem Bettchen ans Tageslicht und versuchten es mit viel Tee. Das alles half nichts, und die Werte stiegen weiter an. Er musste für ein paar Tage unter die Lampe. Er lag nur mit einer Augenbinde und seiner noch viel zu großen Windel unter der Lampe in einem durchsichtigen Kasten, völlig hilflos und alleine. Er hatte große Angst. Ich habe sehr viel mit ihm geredet und ihn durch eine Luke hindurch, sooft ich durfte, gestreichelt. Ich habe versucht, ihm all die Liebe und Geborgenheit, die er jetzt brauchte, zu geben. Wenn ich ihn mal zum Füttern oder Wickeln für kurze Zeit herausnehmen durfte, haben wir miteinander ganz fest gekuschelt.

Nach fünf Tagen durften wir dann endlich nach Hause fahren.

Zu Hause angekommen, legte ich Louis abwechselnd mal in seinen Stubenwagen, mal in sein Bettchen. Dort wollte er aber nie länger als ein paar Minuten bleiben. Also nahm ich ihn wieder zu mir ins Bett. Er war noch so klein und brauchte die Wärme.

Obwohl Louis fünf Wochen zu früh auf die Welt gekommen war, hatte man im Krankenhaus versäumt, ihn für eine Weile in ein Wärmebettchen zu legen. So hatte ich von Anfang an meinen kleinen Sohn immer bei mir, um ihm die Wärme und Nähe zu geben, die ihm fehlten.

Die ersten Wochen verliefen ganz normal. Außer Stillen, Wickeln und Schlafen taten wir nicht viel.

Louis entwickelte sich sehr gut, und außer einem kleinen Schnupfen und seiner Milchunverträglichkeit gab es nichts, worüber wir uns Gedanken hätten machen müssen.

Er wurde von Tag zu Tag süßer, und es war so schön, ihn einfach nur anzusehen. Am süßesten war er, wenn er träumte, im Schlaf lachte und vor sich hin gluckste.

Louis strahlte so viel Ruhe und Liebe aus; er sah aus wie ein kleiner Engel. Mittlerweile waren seine Haare auch blond geworden. Bei der Geburt waren sie eher dunkel gewesen.

Zusammen mit seinen beiden kleinen Schwestern, die ich wie ihn über alles liebe, war er das schönste Geschenk, das ich je bekommen habe.

Ein Baby zu bekommen ist das Wunderbarste auf der ganzen Welt. Es ist ein Geschenk Gottes, durch das wir die Möglichkeit erhalten, die vollkommene und bedingungslose Liebe zu erfahren.

Louis wird schwer krank

Nach den ersten drei Monaten, die ganz normal verliefen, bekam Louis immer mal wieder bläuliche Lippen, wenn er aus seinem Fläschchen getrunken hatte. Anfangs machte ich mir nicht viele Gedanken darüber. Erst als es häufiger vorkam, fuhr ich mit ihm zu unserer Kinderärztin. Sie wies uns am selben Abend noch in eine Kinderklinik ein, um herauszufinden, warum seine Lippen immer blau wurden.

Die Erstuntersuchung in der Ambulanz verlief recht zügig.

Louis war seinem Alter entsprechend weit entwickelt. Er tat alles, was er mit drei Monaten können sollte, und war nicht krank.

Es hieß, wir sollten über das Wochenende in der Kinderklinik bleiben, um herauszubekommen, warum Louis manchmal Atempausen hatte und der Sauerstoffgehalt in seinem Blut abfiel. Da wusste ich noch nicht, dass aus diesen geplanten zwei Tagen ganze zwei Monate werden würden.

Am nächsten Morgen begannen die Untersuchungen und nahmen kein Ende mehr.

Es gab eigentlich nichts, was an meinem kleinen Sohn nicht untersucht und ausprobiert wurde. Die nächsten zwei Monate folgte eine Untersuchung nach der anderen, und jedes Mal stellte sich die jeweils neue Diagnose später als falsch heraus.

Bei jedem Verdacht auf eine eventuelle Krankheit wurden Louis Unmengen an Medikamenten verabreicht und diese auch noch in so hohen Dosierungen, wie sie zuvor an Kindern, vor allem an Säuglingen, noch nicht einmal getestet worden waren. Dies bestätigte uns Louis' damaliger behandelnder Arzt. Louis bekam unter anderem ein Medikament, das in Deutschland zu diesem Zeitpunkt noch nicht zugelassen war.

Mittlerweile hatte mein Sohn schon so viele Medikamente,

Vollnarkosen und Kontrastmittel bekommen, dass sein kleiner Körper immer mehr verfiel, statt es ihm besser ging – ganz zu schweigen von den ständigen Blutentnahmen und all den anderen Untersuchungen, die ohne Betäubung vorgenommen wurden.

Nach zwei Monaten voller Fehldiagnosen und immer noch ohne eindeutige Erklärung für die blauen Lippen, derentwegen wir ursprünglich in die Klinik gekommen waren, war ich völlig am Ende. Es gab Untersuchungen, bei denen ich das Gefühl hatte, Louis würde sie vor lauter Furcht nicht überstehen. Auch hatte er mittlerweile panische Angst, wenn nur einer der Ärzte unser Zimmer betrat. Diese Angst vor Ärzten blieb ihm sogar bis zu seinem Tode.

Ich konnte sagen, was ich wollte, kaum ein Arzt hörte mir richtig zu oder nahm das, was ich sagte, ernst. Jeder meinte immer, nur er habe recht mit dem, was er sagte und vermutete. Ich war ja damals erst 21, daher brauchte man auf mich wohl nicht zu hören. Also wurde einfach weitergetestet.

Mein Sohn war mittlerweile völlig verstört und apathisch. Er drehte sich nicht mehr um, schaute einen nicht mehr an und lachte kaum noch. Sogar essen wollte Louis nicht mehr so richtig. Jede Mahlzeit spuckte er im hohen Bogen wieder aus.

So weit war es gekommen.

Für mich war von Anfang an klar, dass Louis kein eigenes Bett in der Klinik haben würde, sondern in meinem Bett schlief, auch tagsüber. Ich wollte ihn immer bei mir haben, damit er meine Liebe und Nähe spüren konnte und nie alleine mit seiner Angst sein musste. Ich habe versucht, ihm durch meine Liebe ein Gefühl von Geborgenheit und Wärme zu geben.

Auch meine Eltern waren jeden Tag bei uns im Krankenhaus. Überhaupt bin ich meiner ganzen Familie sehr dankbar für die Unterstützung während dieser schweren Zeit. Ich hatte so oft das Gefühl, ich stünde mit allem alleine da. Ich fühlte mich manchmal, als stünde ich vor einem tiefen Abgrund.

Es gab Situationen – zum Beispiel die Untersuchungen in Vollnarkose –, bei denen ich wahnsinnige Angst hatte, Louis zu verlieren. Ich hatte Angst, er würde nicht mehr aufwachen. Ich hatte damals das Gefühl, mit all meinem Schmerz und all meinen Ängsten vollkommen alleine zu sein. Das vermochte mir auch die Familie nicht abzunehmen.

Ich weiß nicht, wie Louis und ich diese schwere Zeit damals im Krankenhaus überstanden hätten, wenn nicht meine Mutter jeden Tag so lange bei uns gewesen wäre. Sie hat mit Louis genauso viel gekuschelt und geschmust und ihm ihre ganze Wärme und Liebe geschenkt, wie ich es tat. Sie haben eine sehr enge Verbindung miteinander. Die beiden waren schon mehrmals in verschiedenen vorherigen Leben zusammen inkarniert.

Meine Mutter sagte mir damals, dass es sehr wichtig ist, als Mutter immer bei seinem Kind zu sein, egal wie groß oder klein, wie leicht oder schwer eine Untersuchung auch ist, egal wie viel Schmerz es einem selber bereitet und egal ob man selber dabei weinen muss. Hauptsache, man ist dabei.

Und damit hatte sie recht. Viele der Ärzte sagten mir oft, ich sollte bei Louis' Untersuchungen und Behandlungen nicht dabei sein und mir das nicht mit ansehen. Doch in vielerlei Hinsicht hatten sie unrecht damit.

Ein Baby weiß nicht, dass du draußen vor der Türe stehst, es kann dich nicht sehen und deine Stimme nicht hören, das Einzige, was ihm vertraut ist. Es ist absolut hilflos und hat panische Angst.

Ich kann mich an eine Untersuchung von Louis noch ganz genau erinnern: Es war Freitag, der 22. Januar 2000, der erste Tag nachdem wir in die Klinik gekommen waren, weil Louis die

Milch nach dem Füttern immer wieder fast komplett ausspuckte. Dass es an der Milchunverträglichkeit lag, was sich etwas später dann auch herausstellte, wollte mir zu diesem Zeitpunkt keiner der Ärzte glauben.

Auf alle Fälle sollte der Reflux getestet werden, und dafür würde man Louis zwei Schläuche über die Nase in den Magen legen.

Dabei zu sein wäre für mich sehr schwer gewesen. Meine Mutter war die ganze Zeit über während der Behandlung bei Louis, sie hat viel mit ihm geredet, ihn gestreichelt und ihm ihre Nähe und Liebe geschenkt.

Es tat auch ihr weh, sie hat sogar geweint, aber sie war bei meinem kleinen Sohn, ihrem Enkel, und dafür bin ich ihr auch heute noch sehr dankbar.

Danke, Mama.

Eine Nachricht von Louis an seine Oma

Liebe Oma,

wir haben eine sehr enge Beziehung miteinander, die schon in früheren Inkarnationen bestand und immer noch da ist.

Ich bin dir für alles, was du für mich getan hast, unendlich dankbar, für deine Liebe und Wärme, die du mir gegeben hast, einfach unendlich dankbar.

Mein größter Wunsch ist es, dass auch du glücklich bist.

Ich wünsche mir, dass du meinem Schicksal zustimmst und ganz viel Liebe, Licht und Leichtigkeit in deinem Leben dadurch erfährst.

Ich schicke dir jeden Tag viel Licht zur Heilung und bin immer an deiner Seite, wenn du mich brauchst.

Öffne dein Herz, und du kannst meine unendliche Liebe und Freude in dir spüren.

Ich weiß, du wirst es schaffen, Oma, ich helfe dir dabei.

Ich habe dich immer lieb!

Dein Louis

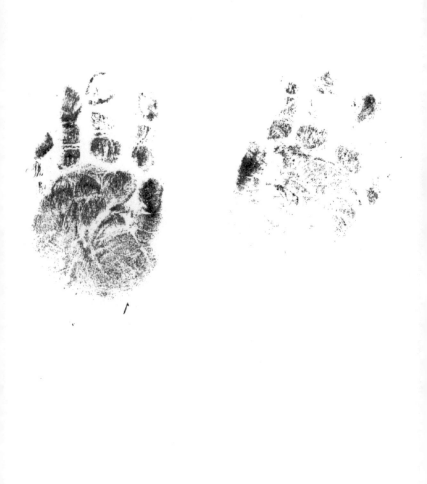

Louis bekommt eine kleine Schwester

Mittlerweile waren schon zwei Monate vergangen, und alles war noch viel schlimmer als vorher. Eines Morgens, Louis schlief noch, schien die Sonne durch unser Fenster, es war ein wunderschöner Tag. Ein schöner Tag, um endlich nach Hause zu gehen.

Ich beschloss, heute mit meinem Sohn nach Hause zu gehen. Dort würde bestimmt alles schnell wieder besser, alles wieder gut werden. Ich wusste, Louis würde nur noch kränker werden und noch weiter abbauen, wenn wir noch einen Tag länger in der Klinik blieben. Ich war mit einem gesunden Kind gekommen und bekam ein krankes Kind wieder mit nach Hause.

In der Zwischenzeit hatten ihm die Ärzte auch noch eine Magensonde über die Nase gelegt, weil Louis nicht mehr richtig essen wollte, was nach all dem, was er die letzten Wochen mitgemacht hatte, auch kein Wunder war.

Es war Mittwoch, der 21. März 2000. Ich redete mit den Ärzten, und wir durften nach Hause gehen, immer noch ohne ein konkretes Ergebnis zu haben.

Nachdem wir am Nachmittag zu Hause angekommen waren, legte ich mich mit meinem Sohn erst mal eine Weile ins Bett, um lange zu schlafen. Wir waren beide sehr müde und brauchten viel Ruhe und Zeit, um uns zu erholen. Besonders Louis brauchte in den nächsten Wochen und Monaten viel Liebe und Ruhe, um wieder gesund zu werden.

Als wir schon einige Tage wieder zu Hause waren, bemerkte ich, dass die Magensonde Louis im Hals wehtat. Auch das Schlucken fiel ihm besonders schwer. Ich beschloss, die Sonde einfach selbst zu entfernen. Man musste sie nur herausziehen.

Ich zog die Sonde ganz langsam und vorsichtig hervor, so dass er keine Schmerzen hatte. Über mehrere Wochen hinweg fütterte ich Louis Tag und Nacht seine Milch und seinen Tee mit einem Teelöffel statt direkt aus dem Fläschchen.

Er nahm seinen Schnuller nicht mehr, schluckte nicht richtig herunter und saugte nicht mehr an seiner Flasche. Der Saugreflex war mittlerweile auch verschwunden.

Louis bekam viel Osteopathie, um den Saugreflex und überhaupt alle seine Reflexe, die nicht mehr richtig funktionierten, wieder zu aktivieren. Es tat ihm sehr gut, Louis machte große Fortschritte, und es ging ihm schon viel besser.

Wir waren jeden Tag sehr viel draußen. Ich zeigte Louis die Bäume, gab ihm Blätter und kleine Stöckchen in seine Händchen und fasste mit ihm Steine an, um ihn besser zu erden und ihn spüren zu lassen, wie sich all das anfühlte.

Louis freute sich sehr, wenn wir draußen waren und ich ihm alles zeigte und erzählte.

Langsam empfand er wieder Freude in seinem Leben. Ich versuchte alles, damit er glücklich war und keine Angst mehr haben musste.

Mitte Mai wurde Louis geimpft, was sich als großer Fehler herausstellte. Kinder mit solch einer Geschichte wie Louis dürfte man eigentlich niemals impfen. Das hätte uns der Kinderarzt damals sagen müssen!

Von da an ging gar nichts mehr. Louis wuchs nicht mehr, nahm nicht mehr zu, sogar das Wachstum seines Köpfchens stoppte. Seine gesamte Entwicklung wurde durch diese Mehrfachimpfung angehalten.

Ich hatte in der Zwischenzeit schon viele Leute kennengelernt, die alle alternative Heilmethoden einsetzten. Da wusste ich, dass wir auch das wieder in den Griff bekommen würden, selbst wenn es lange dauerte. Und wir bekamen es in den Griff!

Wir waren damals gerade umgezogen, und ich kannte noch niemanden in der neuen Umgebung.

Durch eine Bekannte kamen wir zu einer Ärztin, die viel Homöopathie machte. Das war genau das, was ich für Louis jetzt brauchte.

Wir fingen an, die vielen Medikamente der Reihe nach abzusetzen, sie auszuleiten, inklusive der Impfung, und seinen Körper, seine Organe und sein Immunsystem wieder aufzubauen.

Zusätzlich bekam Louis viel Osteopathie und Krankengymnastik, um seine Muskulatur wieder zu stabilisieren, und manchmal Akupunktur mit Laser.

All das half Louis sehr!

Zu diesem Zeitpunkt hatte ich auch schon einige Erfahrungen mit diversen Heilsteinen gemacht. Sie helfen, uns Dinge, die in unserem Organismus fehllaufen, wieder in Harmonie und Einklang mit unserem Körper zu bringen. Sie helfen uns dabei, die Ursache für das, was sich bei uns im Ungleichgewicht befindet, zu erkennen und zu lösen. Sie verhelfen uns somit auch zu mehr Liebe, Harmonie und Zufriedenheit in unserem Leben. Auch Louis hatte immer den Stein bei sich, den er gerade brauchte. Er reagierte so schnell und sensibel auf die Kristalle, dass ich ihm nur die passenden Steine geben musste, wenn er mal krank war, oder ich machte Steinwasser damit, das er dann trank.

Das war in den meisten Fällen viel besser als jedes Medikament oder Antibiotikum, das er sowieso nicht vertrug. Auch die Kinesiologie half ihm sehr.

Nach einem Jahr konnte ich sagen, dass es Louis trotz der vielen Tiefs, die wir zwischendurch hatten, viel, viel besser ging. Er wuchs wieder und nahm wieder zu.

Mittlerweile hatten wir auch noch eine kleine Tochter bekommen. Sie heißt Lilly. Lilly war zu diesem Zeitpunkt absolut nicht geplant gewesen, aber wir freuten uns riesig. Sie kam noch schneller auf die Welt als ihr Bruder, nämlich innerhalb von zehn Minuten. Ich hatte es gerade noch ins nächste Krankenhaus geschafft. Die Geburt war völlig unkompliziert, und Lilly war so süß, sie sah aus wie Louis. Meine kleine Lilly hatte es anscheinend sehr eilig, ihren großen Bruder endlich kennenzulernen.

Weil Louis ständig auf meinem Arm war und auch nachts immer bei mir schlief, kommunizierten die beiden schon durch meinen Bauch miteinander. Sie haben eine sehr starke Verbindung zueinander. Noch heute!

Seit Lillys Geburt, dem 27. Januar 2001, war sie jeden Tag mit ihrem Bruder zusammen.

Ich habe sie beide sehr oft ganz dicht nebeneinandergelegt, und Louis freute sich so sehr. Er war so gerne mit seiner kleinen Schwester zusammen. Er streckte ihr seine Ärmchen entgegen, lachte sie an und brabbelte irgendetwas vor sich hin. Er erzählte ihr etwas. Sie waren beide so süß. Besonders wenn sie zusammen im Bett oder auf der Couch lagen und schliefen, drehte sich Louis immer so hin, dass er Lilly sehen konnte, bis er einschlief. Man konnte die Liebe und Leichtigkeit, die von ihm ausgingen, spüren, und Lilly gab ihm unendlich viel Liebe und Dankbarkeit zurück. Sie lachte ihn an, hörte ihm zu und begann mit der Zeit auch etwas zu brabbeln: Sie redeten miteinander in ihrer Sprache. Das war so süß. Manchmal sah Lilly ihren großen Bruder nur an oder berührte ihn mit ihren kleinen Händchen, als wollte sie ihm sagen: Ich habe dich unendlich lieb!

Sie haben noch heute Kontakt miteinander. Louis besucht Lilly fast jede Nacht in ihren Träumen und spielt mit ihr oder hat eine Nachricht für sie, er ist immer noch der große Bruder.

Eine Nachricht von Louis an Lilly

Für meine kleine Schwester:

Liebe kleine Lilly,
ich habe dich sehr lieb.

Ich weiß, dass du sehr oft an mich denkst, mich vermisst, dich fragst, wie es mir geht und wie ich jetzt aussehe.

Ich bin größer als die anderen Engel und habe ein langes hellblaues Kleid an. Und um mich herum sind ganz viele gelbe und weiße Lichtstrahlen. Male ein Bild von mir und hänge es neben deinem Bett auf. Male mich einfach so, wie du denkst, dass ich jetzt aussehe. Ich weiß, du machst es richtig!

Es geht mir sehr gut. Ich bin für eine Zeit lang nur auf eine Reise gegangen. Es ist hier wie in einem Märchen, es gibt ganz viele Berge, Wiesen und Täler, alles ist so wunderschön.

Trotzdem bist du nie alleine, ich sehe dich immer und überall, ich bin immer in deiner Nähe und passe gut auf dich auf.

Wenn du dich mal wieder einsam fühlst oder Angst hast, mach einfach deine Augen zu, und du wirst mich sehen und meine Nähe und Wärme zu dir spüren. Auch nachts bin ich immer bei dir in deinem Zimmer. Ich besuche dich oft im Traum, wenn du schon ganz tief schläfst, und spiele mit dir. Das macht großen Spaß.

Jeden Tag schicke ich dir ganz viel rosa Licht, es ist das Licht und die Farbe der Liebe. Ich schicke dir jeden Tag ganz viel Liebe.

Wenn meine Reise hier in dieser Welt zu Ende ist, werden wir uns wiedersehen. Ich komme zurück auf die Erde. Ich weiß zwar noch nicht so genau als was, aber du wirst mich bei unserer nächsten Begegnung sofort wiedererkennen.

Und darauf freue ich mich schon.

Ich habe dich sehr sehr lieb!
Dein großer Bruder

Als Louis ein Jahr alt war, fanden wir heraus, dass er kein gewöhnliches Kind war, er war etwas ganz Besonderes. Nicht nur eine alte Seele, nein, viel mehr. Louis war ein Indigokind, eines der Kinder der neuen Zeit. Sie kommen auf die Welt mit der Aufgabe, Harmonie und Frieden auf unserer Welt zu schaffen, egal was sie dafür auf sich nehmen müssen.

Louis' Aufgabe bestand darin, Harmonie, unendlichen Frieden und viel Liebe in unsere Familie zu bringen.

Dafür musste er sehr viel auf sich laden: seine Krankheit, den Schmerz und sogar den Tod. Er hat uns so vieles gegeben.

Es gab in den guten Zeiten, in denen er große Fortschritte machte, in denen es ihm sehr gut ging, auch immer wieder Einbrüche.

Wenn irgendetwas innerhalb der Familie nicht stimmte, nicht harmonisch war, was sehr oft der Fall war, ging es Louis plötzlich schlecht, und er wurde krank. Meistens war der Anlass, dass die Familie nicht zusammen war und sein Papa aus beruflichen Gründen oftmals über mehrere Tage wegmusste. In solchen Fällen wurde Louis jedes Mal richtig krank. Manchmal so sehr, dass sein Papa alle Termine absagen musste und zu Hause bei uns blieb. Louis hatte seinen Willen durchgesetzt, und die Familie war zusammen. Leider war dies immer nur von kurzer Dauer.

Ich war mir damals sicher: Wenn wir es schafften, Harmonie, Liebe und Freude in unsere Familie zu bringen, würde unser Sohn wieder gesund werden. Mir war damals schon klar, und ich wusste ganz genau, dass dies die Aufgabe meines kleinen Sohnes war: die ganze Familie wieder zusammenzuführen.

Doch wenn zwei Menschen auf so unterschiedlichen Ebenen miteinander leben und jeder sich nicht verstanden fühlt, ist es fast unmöglich oder zumindest sehr schwierig, diese Harmonie in dem Ausmaße zu erreichen, wie Louis es anstrebte. Wir schafften es nicht wirklich, diese Harmonie und den Frieden in unserer Familie dauerhaft zu erreichen. Dieses ist aber die Basis für alle Kinder, egal wie krank oder gesund, egal wie klein oder groß.

Irgendwann bekam Louis Fieber, immer mal wieder Fieber, erst kurz, dann über einen längeren Zeitraum. Eine andere Ärztin meinte daraufhin, das käme von den Zähnen. Was sehr unwahrscheinlich war, denn kein Kind hat wegen der Zähne über mehrere Wochen immer wieder hohes Fieber. Dann kam noch eine Blasenentzündung hinzu.

Bei einer ganz einfachen Untersuchung stellte sich heraus, dass unser Sohn einen Keim hatte, den er sich bei der Geburt im Krankenhaus geholt haben musste. Niemand zuvor hatte jemals diesen Keim diagnostiziert, geschweige denn nach ihm gesucht. Alles, was man sich vorstellen konnte, hatte Louis nach Aussage der Ärzte angeblich gehabt, aber auf eine so banale Idee war keiner von ihnen damals gekommen.

Dieser Keim war mittlerweile schon anderthalb Jahre in seinem kleinen Körper und hatte sich dort längst überall ausgebreitet. Bei dieser Art von Keim gab es nur zwei verschiedene Antibiotika, die man über einen Zeitraum von zwei Wochen geben kann, und das auch nur über die Vene. Das ging bei Louis sehr schlecht, denn seine Venen waren von den früheren Strapazen so zerstochen, dass man nicht so einfach einen Zugang legen konnte. Das andere Problem war, dass er schon zu viele Medikamente bekommen hatte, so dass sich die Frage stellte, ob dieses Antibiotikum, das er jetzt brauchte, überhaupt noch helfen würde.

Wir probierten ein anderes Antibiotikum aus, das er nicht über die Vene bekommen musste. Wir versuchten alles, was uns noch an Alternativen zur Verfügung stand. Nach einiger Zeit ging es ihm wieder besser, das Fieber sank, die Blasenentzündung war so gut wie ausgeheilt, und Louis' Zustand besserte sich deutlich. Es ging ihm sehr gut, und er machte große Fortschritte, auch lachte er wieder sehr viel. Es war schön, mit anzusehen, wie gut es ihm ging.

Mittlerweile war ich zum dritten Mal schwanger. Ich war im sechsten, siebten Monat, und es sollte wieder ein Mädchen werden.

Alles verlief wunderbar.

Am 11. Oktober 2001 hatte Louis auf einmal einen dicken Bauch, und ich glaube, er hatte Schmerzen. Ich dachte, er hätte vielleicht wieder eine Blasenentzündung, aber es war keine. Wir wurden mit Verdacht auf Darmverschluss ins Krankenhaus geschickt. Dieses Mal fuhren wir in ein anderes. Es war kein Darmverschluss. Es stellte sich heraus, dass der Keim offenbar noch nicht ganz aus seinem Körper entwichen war und ein Loch in der Blase verursacht hatte, worauf sich eine Zyste gebildet hatte. Sie füllte sich ab und zu mit Flüssigkeit und ging, wie ein von innen verschlossenes Ventil, nicht mehr von alleine auf. Mithilfe eines Katheters wurde die Flüssigkeit dann ausgeleitet. Man sagte uns damals, man könne nur verhindern, dass sich die Zyste füllt, wenn man Louis operierte. Das sei die einzige Möglichkeit.

Wieder wollte man uns übers Wochenende in der Klinik behalten. Aber wir fuhren mit Louis nach Hause.

Ich hatte noch keine Ahnung, was es für eine Lösung geben würde, aber ich war mir sicher, wir würden bald eine finden, um die Operation zu umgehen. Davon war ich überzeugt, weil wir mit alternativen Heilmethoden bereits viele Erfahrungen und Erfolge hatten sammeln können.

Und tatsächlich: Mithilfe der Kinesiologie lösten wir die Blockade, die darauf lag. Dann bekam Louis über mehrere Tage ein homöopathisches Mittel, die Zyste ging ganz ohne Operation von innen auf und blieb von da an offen.

So konnten wir am 20. Oktober 2001 Louis' zweiten Geburtstag zu Hause feiern und mussten nicht mehr in die Klinik zurück.

Abschied von Louis

Wie so oft zuvor hatten wir eine dieser vielen Situationen, dass Louis' Papa für eine Woche wegfuhr. Es war Freitag, der 16. November 2001, und Louis ging es sehr schlecht. Ich versuchte ihn das ganze Wochenende über zu stabilisieren, sein Fieber und alle anderen Beschwerden wieder in den Griff zu bekommen. Es wurde langsam besser.

Am Donnerstag, dem 22. November war ich mit Louis beim Arzt, und es war alles wieder okay. Die Lunge war komplett frei, der Ultraschall war völlig in Ordnung, die Zyste war sehr klein, und nichts machte ihm Schwierigkeiten. Alle Befunde waren sehr gut.

Zwei Tage später, es war Samstag, der 24. November, kam Louis' Papa nach Hause. Es war noch früh, und Louis schlief in unserem Bett. Er hatte die ganze Nacht so gut geschlafen, und ich wollte ihn nicht wecken. Ich wollte mit Lilly kurz zum Einkaufen gehen, aber als ich die Haustüre geöffnet hatte und wir schon fast draußen waren, wachte Louis auf. Er wollte nicht, dass ich gehe, und wurde so unruhig, dass wir dablieben.

Den ganzen Tag über hatte er Fieber, und sein Bauch wurde langsam immer dicker. Wir dachten zuerst, es wäre wieder eine Blasenentzündung, also habe ich alles so gemacht und ihm alles gegeben wie sonst auch. Ich versuchte das Fieber in den Griff zu bekommen und machte ihm die halbe Nacht lang Umschläge, um den Bauch wieder zu normalisieren. Aber dieses Mal funktionierte es nicht. Das Fieber konnte ich zwar einigermaßen senken, aber es ging nicht ganz weg, wie es sonst immer der Fall gewesen war. Auch der Bauch wurde nicht kleiner. Es konnte also keine Blasenentzündung gewesen sein.

Louis war eingeschlafen, und ich ließ ihn schlafen, damit wir wenigstens ein paar Stunden Schlaf hatten, denn manchmal kam auch Lilly noch nachts.

Am nächsten Vormittag hatte Louis immer noch Fieber, der Bauch war genauso dick wie am Tag vorher, und Louis spuckte plötzlich schwallartig Blut. Wir fuhren sofort in die Klinik, worauf man uns nach einer Blutuntersuchung und einem Ultraschall sagte, Louis hätte eine Sepsis.

Diese kleine Zyste an seiner Blase, die ihm sonst keine Schwierigkeiten mehr bereitete, hatte sich auf den Darm gelegt, was von außen nicht erkennbar war. Sein kleiner Körper hatte sich selbst vergiftet.

Alles, was wir in den letzten zwei Jahren aufgebaut hatten, die Organe und das Immunsystem wieder stabilisiert, war innerhalb weniger Stunden zunichte gemacht worden.

Mittlerweile hatte Louis noch zwei weitere Keime. Sie waren jetzt überall in seinem Körper, verbreiteten sich rasend schnell und zerstörten alles in seinem kleinen Körper.

Es gab nicht mehr viele Möglichkeiten: Entweder der Darmverschluss würde sofort operiert werden und Louis bekäme eine hohe Dosis Antibiotikum über die Halsschlagader, um sofort alle Keime abzutöten, oder wir müssten unseren kleinen Sohn gehen lassen.

Die Operation und die Gabe des Antibiotikums über die Halsschlagader benötigten eine Vollnarkose, für die Louis viel zu schwach war. Außerdem wäre er gegen das Antibiotikum, das er jetzt gebraucht hätte, immun gewesen, denn in der Klinik hatte man ihm zwei Jahre zuvor viel zu viele falsche Medikamente verabreicht.

Wir mussten uns also fürs Aufgeben entscheiden und unseren kleinen Sohn gehen lassen.

Das war die schwerste Entscheidung meines Lebens.

Ich hatte schon am Nachmittag gemerkt, dass Louis nicht mehr in seinem Körper war. Ich kann mich genau daran erinnern, es war, als huschte irgendetwas schnell an mir vorbei. In diesem Moment wusste ich, dass mein kleiner Louis gerade aus seinem Körper gegangen war, und doch überlegte ich in meiner Verzweiflung, was ich noch alles tun könnte, damit er nicht ganz ginge. Er war schon früher öfter aus seinem Körper hinausgegangen, aber jedes Mal zurückgekommen. Mir hat mal jemand erzählt, dass Kinder, die Schmerzen haben, so etwas tun.

Doch dieses Mal kam Louis nicht mehr zurück.

Spät am Abend war die ganze Familie da, um sich von Louis zu verabschieden, bis auf meine Schwiegermutter, die ja auf unsere kleine Lilly aufpasste.

Louis' Zustand verschlechterte sich rasend schnell, so dass wir ihn um ein Uhr nachts noch nottaufen ließen. In so einem Fall dürfen das die Krankenschwestern tun. Unsere Krankenschwester hieß Schwester Beate, sie hatte selber Kinder und war sehr lieb.

Es war mir sehr wichtig, dass Louis getauft wurde, bevor er starb, da nicht getaufte Kinder, die verstorben sind, nur verbrannt werden dürfen. Wir hätten unseren Sohn nicht nach unseren Vorstellungen begraben lassen können. Und ich wollte ihm doch die allerschönste Beerdigung schenken; mit einem Meer aus Blumen und ganz, ganz vielen Luftballons.

Nachdem Louis nun getauft worden war, kuschelte ich mich ganz eng an ihn unter die Decke, denn er fror so. Ich war total übermüdet und körperlich wie seelisch völlig am Ende, doch ich konnte nicht einschlafen, ich konnte nicht mal meine Augen schließen. Meine Angst, Louis endgültig gehen zu lassen, war zu groß. Sein Papa war schon längst eingeschlafen und lag an Louis' linker Seite, ich lag an seiner rechten (wir hatten zwei Betten zusammengestellt).

Louis lag in eine warme Decke eingekuschelt zwischen uns. Ich legte meinen Arm um meinen kleinen Sohn und schlief gegen zwei Uhr mit dem Gedanken ein, dass unser Louis es schon irgendwie schaffen würde, wie schon so oft zuvor.

Es war 3.50 Uhr, als mich Schwester Beate weckte und mir sagte, mein Sohn sei gerade eingeschlafen und habe soeben aufgehört zu atmen.

Ich kann mich an das Gefühl in diesem Moment kaum mehr erinnern. Der Schmerz war so wahnsinnig groß, dass ich dachte, es würde mich innerlich zerreißen. Es war nicht mehr real, es fühlte sich an, als wäre ich in einem Traum.

Louis' Papa sagte mir immer wieder, ich hätte unseren kleinen Sohn so fest im Arm gehalten, dass er dachte, ich würde ihn erdrücken. Daran kann ich mich kaum noch erinnern.

Gegen 6.30 Uhr kamen meine Eltern, und alle weinten, außer mir. Ich hatte vorher schon so viel geweint.

Ich durfte Louis zusammen mit Schwester Beate noch waschen und neu anziehen. Ich zog meinem kleinen Sohn dessen Lieblingspulli an. Ich hatte das Gefühl, dass alles nicht war, wonach es aussah. Es war alles nur ein böser Traum. Es war, als schliefe Louis und wir zögen ihn im Schlaf um. Er würde bestimmt bald wieder aufwachen. Deshalb musste ich zu diesem Zeitpunkt nicht so richtig weinen. Ich hatte für kurze Zeit den Schmerz verdrängt. Ich glaubte wirklich, er würde wieder aufwachen. Noch dazu hatte ich jedes Mal, wenn ich den Schmerz nur ein wenig zuließ, leichte Wehen, und das war nicht gut.

Wir wickelten Louis in seine hellblaue Krabbeldecke ein, damit er es schön warm hatte und nicht frieren musste. In diesem Moment war mein Gehirn völlig ausgeschaltet.

Als wir fertig waren, gingen wir alle mit ihm in den Kapellensaal der Klinik, wo bereits der Klinikseelsorger, eine Art

Pfarrer, auf uns wartete. Wir haben dann zusammen für Louis gebetet.

Die anderen Kinder der Station sollten möglichst wenig von seinem Tod mitbekommen.

Wir saßen in diesem Kapellenraum, Louis lag immer noch in meinen Armen, eingekuschelt in seiner Decke, und ich wollte nur mit ihm schmusen, seine Nähe und Wärme spüren. Ich legte meinen Kopf auf sein Gesicht, doch es war schon ganz kalt, grau und leer. Ich hatte ständig das Gefühl, das wäre nicht mein Sohn, so eiskalt, kein Leben mehr in ihm.

Wir mussten den Transport zum Friedhof selbst organisieren, das übernahm sein Papa.

Nach etwa zwei Stunden kam dann jemand vom Beerdigungsinstitut mit einem kleinen weißen Sarg, in den ich Louis samt seiner Kuscheldecke legte. Danach fuhren wir alle zu uns nach Hause. Der Wagen mit Louis fuhr hinter uns her, ich drehte mich ständig nach ihm um. Das war das erste Mal, dass mein kleiner Sohn ohne mich irgendwo mitfuhr, er war so alleine. Es tat mir nur noch weh!

Ich bin froh, dass ich diesen Schmerz nicht mehr so genau fühlen kann. Dieses Gefühl hat mir mein Herz gebrochen und mir den Boden unter meinen Füßen weggezogen, daran kann ich mich noch erinnern. Aber ich kann es nicht mehr fühlen, und das ist gut so. Ich denke heute nicht mehr darüber nach. Vielmehr freue ich mich jetzt, wenn ich seine Liebe und Wärme spüren kann, er immer bei mir ist und ich mir ganz sicher sein kann, dass unsere Liebe niemals mehr verloren geht.

Ich habe eine Information von Louis erhalten, über seinen Übergang in eine andere Dimension (den Zeitpunkt seines Todes):

Während des Übergangs von hier in eine andere Dimension befand er sich in einer strahlenden Lichtkugel, die von hellgelbem in weißes Licht überging. Überall war nur strahlend helles Licht und unendlich viel Liebe.

Auch war er nicht alleine. Sein Zwillingsbruder holte Louis zusammen mit einem anderen sehr hohen geistigen Wesen, vermutlich aus Lemuria stammend, ab. Louis empfand so viel Freude und Leichtigkeit, es war alles so wunderschön, und er hatte keine Angst. Er ist jetzt in ganz viel Licht und Liebe, und es geht ihm sehr gut.

Seitdem ich diese Information habe, freue ich mich umso mehr, weil ich weiß, dass es für meinen Sohn ein sehr schöner Übergang in eine andere Welt war.

Ich wusste damals schon, dass Louis einen Zwilling hatte, der ganz zu Beginn der Schwangerschaft abgegangen war. Das hatte mir mein Arzt damals gesagt. Heute weiß ich, dass es ein Bruder war.

Mir hat mal jemand gesagt, dass die Mutter eigentlich nur eine Art Kanal ist, durch die die kleine Seele inkarniert. Zwillinge dagegen haben die stärkste Verbindung miteinander.

Wie habe ich Abschied genommen?

Normalerweise wäre Louis vom Krankenhaus sofort zum Friedhof gefahren worden. Das ist so üblich. Da wir aber den Bürgermeister und noch andere Leute von der Gemeinde, in der wir damals lebten, gut kannten, durften wir unseren Sohn noch bis Spätnachmittag mit zu uns nach Hause nehmen, um uns vollkommen von ihm verabschieden zu können. Wieder kam die ganze Familie, dieses Mal auch meine Schwiegermutter. Das war sehr schön.

Louis lag in seinem kleinen weißen Sarg mit seiner Kuscheldecke mitten in unserem Wohnzimmer auf dem Boden. Um ihn herum zündeten wir Kerzen und Teelichter an.

Louis sah aus, als schliefe er.

Wir haben ihm seine Spieluhr, die er gerade neu hatte (obwohl er lieber die CDs von Papa oder Benjamin-Blümchen-Kassetten mochte) mit auf den Weg gegeben. Außerdem ein Buch über die Sonne (sein Lieblingsbuch), zwei kleine Bälle und das eine oder andere Stofftier, das er liebte.

Ich habe ihm an diesem Tag noch einen ganz langen Brief geschrieben, wie sehr ich ihn vermisste, wie groß dieser Schmerz in meinem Herzen war, dass ich so gerne mit ihm lachen und in meinem Bett unendlich lange mit ihm kuscheln würde, wie sehr ich ihn liebte und wie viel Glück und Freude er mir in dieser kurzen Zeit bereitet hatte.

Auch schrieb ich meinem Sohn, dass ich mir nichts sehnlicher wünschte, als dass er zu mir zurückkommen sollte.

Ich schrieb alles auf, was ich ihm noch sagen wollte, mein Brief hatte bestimmt sechs Seiten. Ich legte ihn zu Louis' Spielsachen in den kleinen Sarg.

Einen Brief an sein verstorbenes Kind zu schreiben ist ein Weg von vielen, um für einen Moment lang ein Stück loszulassen und befreiter zu sein. Auch Louis' Papa schrieb ihm einen langen Brief, den er ihm mit auf seine Reise gab.

Die Zeit zwischen Louis' Tod und der Beerdigung verbrachten wir eigentlich nur mit deren Organisation. Ich hatte immer Angst, ich könnte irgendetwas vergessen, das mir noch wichtig war.

Wir hatten gerade mal eineinhalb Tage Zeit, um alles so ablaufen zu lassen, wie wir es uns wünschten: Blumen bestellen, Karten drucken lassen und verschicken, Telefonate erledigen, der Besuch des Pfarrers und alles, was noch dazugehörte.

Viel Zeit, über den Verlust meines Sohnes nachzudenken, hatte ich nicht. Ich spürte in meinem tiefen Schmerz nur diese starke Sehnsucht nach ihm. Es tat einfach nur noch weh, und ich wollte nichts vergessen, nichts falsch machen. Ich wollte die schönste Beerdigung für meinen kleinen Louis haben. Es sollte wunderschön werden.

Am Mittwoch, dem 28. November 2001 gegen 11 Uhr fand die Beerdigung statt.

Wir hatten zuvor alles mit dem Pfarrer besprochen. Er war sehr nett. Wir durften den Gottesdienst so gestalten, wie wir es wollten. Es gab nicht viele Reden und auch keine Orgel- und Kirchenmusik.

Louis hörte als Baby schon am liebsten die CDs von seinem Papa. Da schlief er immer am besten und schnellsten ein.

Vor dem Altar stand ein Bilderrahmen mit einem Foto von Louis auf dem Boden, inmitten eines großen Herzens aus vielen brennenden Teelichtern. Es gab insgesamt fünf oder sechs Lieder, die wir für Louis ausgesucht hatten. Es waren seine Lieblingslieder.

Wir sprachen zwei oder drei Gebete, und der Pfarrer hielt eine kurze Rede.

In der Mitte des Gottesdienstes spielten wir Louis' Lieblingslied, „The River" von Bruce Springsteen. Das liebte Louis schon, als er gerade mal fünf Wochen alt war.

Der Gottesdienst an sich dauerte nicht sehr lange. Vielmehr bestand er hauptsächlich aus seinen Lieblingsliedern. Während dieser Lieder hatte jeder Zeit für sich, um von Louis auf seine Art und Weise in Ruhe Abschied nehmen zu können.

Es schien, als wäre mein kleiner Sohn die ganze Zeit über während des Gottesdienstes mit uns in der Kirche gewesen. Sie war so hell und strahlend klar.

Es war sehr schön, dass wir alles selber aussuchen durften. Das ist wohl eher die Ausnahme.

Der kleine weiße Sarg, geschmückt mit Blumen, stand vor dem Friedhofseingang auf einem kleinen Wagen, der ihn zu seinem Grab fahren sollte. Louis wurde aber nicht zu seinem Grab gefahren oder geschoben. Nein, sein Papa wollte ihn unbedingt mit seinen eigenen Händen dorthin tragen, das letzte Stück Weg mit seinem kleinen Sohn gehen.

Als er bei Louis' Grab ankam, stellte er den kleinen Sarg dort auf die Erde. Es waren viele Freunde und Bekannte da.

Wir hatten 100 mit Gas gefüllte Herzchenluftballons, die wir alle gleichzeitig steigen ließen. Außer den vielen Blumenherzen, Kränzen und Gestecken hatten wir über 100 große weiße und rote Rosen, die mit in Louis' Grab kamen, um ihn auf Blumen und ganz viel Liebe zu betten.

Es hieß, wir sollten uns das Herablassen des Sarges nicht mit ansehen, für manche Eltern wäre das sehr schwer.

Wir haben uns das Grab danach wieder angeschaut, als es schon geschlossen und mit Blumen bedeckt war. Das ganze Grab bestand nur noch aus Blumen, überall nur Blumen, es war wirklich wunderschön.

Heute weiß ich, dass Louis sich sehr über die vielen Blumen gefreut hat, über die große Anteilnahme der Menschen an seinem Tod und über den hellblauen Stoffelefanten, den ich inmitten der Blumen hinsetzte. Er gehörte einmal mir, als ich klein war.

Die Tage darauf schneite es sehr viel. Ich habe Louis viele Teelichter in den Schnee gesteckt und angezündet. Als es dunkel war, haben sie alle besonders hell geleuchtet. Das war sehr, sehr schön. So wurde aus dem Blumenmeer das Meer aus vielen brennenden Teelichtern.

Eine Nachricht von Louis an seinen Papa

Für meinen Papa:

Lieber Papa,

ich habe dich sehr lieb und bin dir für alles, was du für mich getan hast, unendlich dankbar.

Ich schicke dir sehr oft blaues Licht, nur kommt es bei dir momentan noch nicht so an.

Blaues Licht ist das Licht und die Farbe der Heilung. Dein Herz ist fest verschlossen. Ich wünsche mir, dass es sich bald öffnet, dass auch du meinem Schicksal zustimmst und nicht einfach darüber hinwegsiehst.

Ich wünsche mir, dass du endlich hinsiehst, damit du wieder glücklich sein kannst, wirklich glücklich!

Dass auch du meine unendliche Liebe zu dir tief in deinem Herzen spüren, den inneren Frieden finden und die Freude und Liebe in deinem Leben wieder zulassen kannst.

Diese inneren Fesseln, die du momentan wahrscheinlich noch nicht erkennen kannst, werden sich irgendwann auflösen. Es dauert noch ein bisschen, aber dein Herz wird sich wieder öffnen, und du wirst die bedingungslose Liebe in dir spüren.

Das, wonach du dich jetzt schon sehnst, wird kommen.

Wenn du dich mal einsam fühlst oder dich in einer schwierigen Situation befindest, denke ganz fest an mich, und du wirst meine Liebe und Nähe zu dir spüren.

Ich liebe dich und bin immer bei dir.

Wenn die Zeit gekommen ist, mache dir keine Gedanken darüber, was du vielleicht alles falsch gemacht hast oder hättest anders machen können. Es ist für mich okay, so wie es ist.

Ich habe dir vergeben, habe allen vergeben und lebe in unendlicher Liebe und Frieden. Es ist so wunderschön hier, und ich bin so glücklich.

Ich freue mich darauf, wenn auch du bald richtig glücklich sein und in dir ruhen kannst. Wenn du angekommen bist, angekommen bei dir selbst. Ich bin so stolz auf dich, Papa, und ich weiß, du wirst es schaffen.

Ich habe dich sehr, sehr lieb.
Dein kleiner Sohn Louis

Ich muss Louis loslassen

Seit dem Tod unseres kleinen Sohnes Louis waren inzwischen zwei Monate vergangen. Es war Freitag, der 2. Februar 2002, und die Geburt unserer kleinsten Tochter stand kurz bevor.

Die Geburt war wie schon bei ihren zwei Geschwistern zuvor sehr schnell und unkompliziert. Julie, so nannten wir sie, war innerhalb von fünf Minuten auf der Welt. Sie hatte Unmengen an schwarzen, längeren Haaren, wirklich süß.

Nun hatte ich also ein frischgeborenes Baby und ein Kleinkind mit gerade mal einem Jahr. Ich hatte demnach also nicht wirklich Zeit, um um meinen kleinen Sohn richtig zu trauern und seinen Tod zu verarbeiten.

Nach etwa neun Monaten ging es mir immer noch genauso schlecht wie am ersten Tag. Ich hatte starke Depressionen und empfand nur noch Sinnlosigkeit in meinem Leben. Ich hatte den Bezug zum Leben und auch zu meinen Kindern verloren.

Ich begann also verschiedene Arten von Therapien, um wieder zu mir selbst zu finden und meinen beiden kleinen Töchtern die Liebe und Zuwendung geben zu können, die sie jetzt brauchten.

Zuerst begann ich mit einer Atemtherapie und machte viel Körperarbeit, um besser loslassen zu können und auch körperlich wieder zu mehr Kraft zu kommen. Ich machte viel Kinesiologie, um meine Blockaden zu lösen, Familienaufstellungen, um vergeben zu können und dem Schicksal zuzustimmen, das meinen Sohn gewählt hatte, ihn ins Licht gehen zu lassen und meinen inneren Frieden zu finden. Auch homöopathisch wurde ich begleitet. All dies hat mir sehr geholfen.

Es ist wichtig, dass wir die Seelen unserer verstorbenen Kinder vollständig gehen lassen und sie ins Licht schicken, damit sie in ihrer nächsten Inkarnation all ihre Seelenanteile mitnehmen können und nicht mit einem Seelenanteil noch in ihrem alten Leben festhängen.

Es war für mich sehr schwer und hat lange gedauert, bis ich aus meinem Herzen heraus bereit war, Louis in Liebe gehen zu lassen.

Anfangs hatte ich innerlich immer Angst: Wenn ich Louis gehen lassen würde, würde ich meinen Sohn irgendwann vollkommen vergessen.

Aber Loslassen hieß nicht, nicht mehr an ihn zu denken oder sogar, ihn ganz zu vergessen. Nein, es hieß einfach, seinem Weg, den er gewählt hatte, zuzustimmen, zu vergeben, das eigene Herz so weit zu öffnen, dass ich die Liebe und die unendliche Kraft seines Lichts in mir spüren konnte, um wieder vollkommen glücklich zu sein.

Mir sagte damals jemand, das, was ich lernen müsse, sei »Lieben, ohne anzufassen«. Zunächst konnte ich damit nicht sehr viel anfangen. Nach einer Weile aber, als ich das Loslassen und das Öffnen meines Herzens und damit auch das langsame Zulassen dieses unerträglichen Schmerzes in mir lernte und darin immer besser wurde, konnte ich spüren, dass mein Sohn jederzeit bei mir war, wann immer ich ihn brauchte. Unsere Liebe ist heute immer noch genauso stark wie früher, eigentlich noch viel, viel stärker.

Von Anfang an war für mich klar, dass ich nicht alle Sachen von Louis aufheben würde. Über die Monate und Jahre sortierte ich immer und immer wieder aus und verschenkte fast alles, was ich von ihm noch hatte. Jedes Teil, das ich verschenkt habe, jedes Aussortieren war wieder ein Stück Loslassen. Bei manchen Dingen war es sicher nicht einfach, und es tat mir sehr weh, aber ich fühlte mich jedes Mal ein bisschen freier. Heute habe ich nur noch zwei kleine Schachteln, in der seine ersten Sachen sind, damit

Lilly und Julie, wenn sie einmal größer sind, etwas von ihrem großen Bruder haben. Ein paar Stofftiere von Louis haben sie bei sich im Bett. Ansonsten habe ich alles weggegeben, und es war genau richtig so.

Als meine jüngste Tochter Julie ungefähr sechs Monate alt war, befand ich mich in meiner Ehe in einer sehr schwierigen Situation und wusste nicht, mit wem ich in diesem Moment darüber reden sollte. Es war schon dunkel, ich saß draußen, schaute in den Sternenhimmel und redete aus meiner Verzweiflung heraus das erste Mal mit meinem Sohn.

An manchen Tagen hatte ich das Gefühl, auch Louis redete mit mir. Irgendwann kamen dann auch Bilder dazu, die anfangs sehr unklar waren und fast nur aus hellem Licht bestanden. Immer öfter konnte ich seine Schwingungen wahrnehmen, seine Anwesenheit spüren und die Energie, in der mein Sohn sich gerade befand, fühlen, ob er fröhlich oder besorgt war.

Ich versuchte mich immer mehr und mehr zu öffnen, mich mehr auf Louis' Schwingungsebene einzustellen, damit ich ihn noch besser wahrnehmen konnte.

Am Anfang klappte das gar nicht so richtig. Ich hatte immer noch die Bilder von seinem Tod in meinem Kopf, wie Louis da so in seinem kleinen Sarg inmitten unseres Wohnzimmers lag und aussah, als schliefe er nur.

Im Laufe der Jahre sind diese Bilder verblasst, und ich sehe meinen Sohn nur noch lachend, manchmal auch nachdenklich oder sogar schimpfend, wenn ich mal wieder zu streng zu seinen kleinen Schwestern bin.

Als ich begann, Bilder von Louis wahrzunehmen, veränderten sie sich schnell. Zuerst sah ich ihn, wie er in meiner Erinnerung war, dann hatte ich plötzlich mehrmals Bilder von einem erwachsenen Mann, inmitten von ganz viel strahlendem weißem Licht.

Er war älter, größer und weiser als ich, strahlte viel Ruhe aus und lächelte nur. Dann hörte ich auch noch eine Stimme, die immer zu mir sagte: »Ich hab dich lieb, Mama. Und alles ist okay. Alles ist gut, so wie es ist. Du brauchst dir keine Sorgen zu machen.«

Ich dachte nur, jetzt bin ich schon völlig verrückt, war wohl doch alles zu viel die letzte Zeit. Ich hatte doch immer das Bild eines kleinen blonden Jungen im Kopf, und jetzt sah ich einen erwachsenen Mann neben mir. Irgendetwas konnte nicht stimmen, bis ich die Erklärung dafür bekam.

Man sagte mir, wenn Kinder auf die Welt kommen und nur für kurze Zeit bei uns bleiben, sind dies oft schon sehr alte Seelen, und Louis war so eine alte Seele. Ich erhielt von ihm die Information, dass er schon von Lemuria gekommen war.

Dass Louis so eine alte Seele war, konnte man an mehreren Anzeichen sehen: Als er auf die Welt kam, hatte er eine sehr faltige Haut und ganz alte Hände. Seine Haare sahen aus wie ein Haarkranz bei einem alten Mann. Und auch diese Zyste an seiner Blase war etwas, das normalerweise nur alte Männer bekamen, sagte mir die Ärztin damals.

Seine Seele war nur in seinen kleinen Körper geschlüpft, und den hatte er bei seinem Tod hiergelassen, das war nur seine Hülle. Wir sehen die Seelen also in ihrer Energie, so wie sie wirklich sind und nicht, wie sie hier auf Erden waren. Jetzt hatte ich verstanden, warum ich meinen Sohn als erwachsenen Mann gesehen hatte.

Da sind wir wieder bei dem Punkt »Lieben, ohne anzufassen« angelangt. Ich hatte endlich begriffen, dass das, was mir so fehlte, hauptsächlich Louis' Körper war und ich die ganze Zeit über so tief in meinem Schmerz gewesen war, dass ich seine Liebe und Nähe zu mir gar nicht wahrgenommen hatte. Ich konnte ihn nicht spüren, weil mein Herz so verschlossen und es für meinen Verstand nicht greifbar war.

Als ich mich immer besser und schneller auf Louis' Schwingungsebene einstellen konnte, fiel es mir von Mal zu Mal leichter, und es ging mir wesentlich besser. Wenn ich mit ihm redete und mir unsicher war, ob er mich auch verstanden hatte, wünschte ich mir ein Zeichen von ihm, ein eindeutiges Zeichen. Ich habe dieses Zeichen jedes Mal von meinem Sohn bekommen. Ich bekam meine Bestätigung.

Es gab Tage, an denen ich meinen Sohn so vermisst und geweint habe, dass ich vor lauter Schmerz nicht mit ihm geredet, sondern ihn beschimpft oder manchmal auch richtig angeschrien habe. Ich habe einfach in den Himmel geschrien. Ich wusste, es war trotzdem bei ihm angekommen, und ich war ein Stück freier. Ich habe einfach allen Schmerz herausgeschrien und herausgeweint, stundenlang, manchmal sogar tagelang, bis ich nicht mehr konnte. Das tat mir sehr gut.

Mittlerweile muss ich nicht mehr mit meinem Sohn schimpfen. Im Gegenteil, es ist so, dass ich sehr oft an ihn denke und dabei nur noch Liebe und Freude empfinde.

Momentan rede ich mit Lilly und Julie täglich über Louis, weil sie im Augenblick so viele Dinge über ihren großen Bruder wissen möchten. Früher konnte ich viele ihrer Fragen nicht beantworten, weil es mir so wehtat, darüber zu sprechen. Ich habe sie dann zu ihrem Papa geschickt, damit sie eine Antwort auf ihre Fragen bekommen.

Heute ist das anders, es macht mir nichts mehr aus. Im Gegenteil, es ist sehr schön, wenn wir über Louis reden und ich ihnen die Fragen über ihren Bruder beantworten darf.

Sie sind beide so süß. Manchmal bekommt Louis, vor allem von Lilly, Gummibärchen auf sein Grab gelegt oder von Julie eine selbst gepflückte Blume in die Erde gesteckt.

Neulich hatten sie zwei mit Gas gefüllte Luftballons in Form von Einhörnern, die dann nacheinander in den Himmel zu Louis geritten sind. Manchmal würden Lilly und Julie auch gerne mit einer Leiter zu ihrem Bruder hochklettern oder ihn liebend gerne wieder herunterholen. Sie haben immer andere Ideen, um mit ihrem Bruder wieder zusammen sein zu können. Einfach süß, die beiden!

Habe ich mal irgendwo Schwierigkeiten und weiß nicht weiter, rede ich mit meinem Sohn und bitte ihn um seine Hilfe, auch wenn es um seine Schwestern geht. Ich weiß, dass Louis immer dort ist, wo Lilly und Julie sind, und immer gut auf sie aufpasst.

Es war ein sehr langer und oftmals auch sehr schwerer Weg. Es gab Zeiten, in denen ich am liebsten aufgegeben hätte und dachte, ich würde es nicht schaffen. Doch ich habe es geschafft, dem Weg meines kleinen Sohnes zuzustimmen, mein Herz vollkommen zu öffnen, die Liebe und Freude in meinem Herzen wieder zu spüren und zuzulassen.

Ich habe es geschafft, Louis vollkommen ins Licht gehen zu lassen, und freue mich genauso wie er. Ich habe meinen inneren Frieden gefunden und bin endlich angekommen. Und es ist ein wunderbares Gefühl. Ich habe nach jahrelanger intensiver Arbeit an mir das erreicht, was Louis sich am allermeisten gewünscht hat: dass ich wieder glücklich sein kann.

Das ist das, was sich alle verstorbenen Kinder für ihre Eltern wünschen.

Jetzt muss ich nicht mehr weinen, weil ich so traurig bin, jetzt weine ich manchmal, weil ich so dankbar und glücklich bin, dass mir mein kleiner Sohn diese wunderschöne Zeit mit ihm geschenkt hat.

Danke.

Ich erhielt von Louis die Information, dass er aus Lemuria stammte. Das interessierte mich sehr, und ich habe Folgendes über Lemuria herausgefunden:

Lemuria ist ein sagenumwobener Kontinent, der von etwa 90 000 bis 30 000 v. Chr. existiert haben soll. Ein Kontinent in völliger Harmonie mit dem Göttlichen und durch die Engel vor allen Einflüssen geschützt. Lemuria bedeutet: das gesegnete Land des gurrenden, lachenden Glücks, das alles hat.

Das Volk Lemurias lebte voller Freude, Unbeschwertheit und höchstem gegenseitigem Respekt. Die Lemurianer waren sehr hoch stehende Geisteswesen; sie waren hellsichtig und lebten in Frieden und völligem Einklang mit sich selbst. Nicht nur ihre Beziehungen lebten sie in absoluter Liebe, nein, alles in Lemuria wurde in dieser unendlichen Kraft der Liebe gelebt.

Lemuria wird auch als das Land des goldenen Lichts bezeichnet.

Ich habe mich sehr eingehend über Lemuria informiert, und es ist wunderschön, darüber zu lesen und Bilder zu sehen von der Liebe und dem Licht Lemurias. Auch dafür bin ich meinem Sohn sehr dankbar, dass er mich teilhaben lässt an solch schönen Erfahrungen!

Danke.

Auf dem Weg durch meine Trauer begleiteten mich Heilsteine und halfen mir, wieder ins Licht zu kommen und zu mir selbst zu finden.

Als Louis mit drei Monaten in der Kinderklinik war, fing ich, eigentlich aus der Not heraus, an, ihn mit Edelsteinen und Kristallen zu heilen. Er hatte sich mit einer schweren Lungenentzündung bei einem anderen Kind angesteckt und bekam kaum noch Luft; er brauchte viel Sauerstoff.

Die Ärzte sagten uns damals, dass fast alle Kinder mit diesem Virus auf die Intensivstation müssten und es mindestens vier Wochen dauern würde, bis die Lunge meines Sohnes wieder frei sein würde.

Also fing ich damals an, mich über eine Freundin meiner Eltern mit Heilsteinen zu befassen. Ich fing an, Louis Wasser mit den passenden Steinen trinken zu lassen, machte ihm ein kleines Armband oder legte den passenden Stein einfach in seine Nähe, wenn er schlief. Manchmal auch beides.

Nach einer Woche war Louis' Lunge komplett wieder frei, und die Ärzte sagten, das sei eigentlich unmöglich, das sei noch niemals vorgekommen. Ich erzählte ihnen nicht viel von meinen Steinen, sie hätten es sowieso nicht geglaubt. Von da ab hatte Louis immer den passenden Stein bei sich.

Die ersten Monate nach seinem Tod konnte ich mit Steinen nichts mehr machen, weder bei mir noch bei jemand anderem. Mein ganzes Wissen, meine Intuition hatten sich vollkommen in Luft aufgelöst.

Nach einem halben Jahr besorgte ich mir dann einen Stein, der speziell für die Trauer gedacht war. Er sollte mir dabei helfen, den Tod meines Sohnes besser zu akzeptieren, leichter damit umzugehen und in meinem Schmerz nicht noch weiter abzurutschen.

Ich brauchte mehr Stabilität und Halt. Ich habe die erste Zeit sehr viel mit Kristallen an mir gearbeitet, und es ging mir immer besser. Dann habe ich eine Zeit lang sehr wenig gemacht, weil ich es einfach vergessen hatte und wahrscheinlich zu diesem Zeitpunkt auch nicht bereit dafür war, Louis wirklich loszulassen und ihn endgültig gehen zu lassen.

Seit fast zwei Jahren arbeite ich wieder sehr intensiv mit der Kraft der Heilsteine. Heute habe ich die Arbeit mit den Mineralien sogar zu meinem Beruf gemacht. Und es macht mir großen Spaß, mein Wissen weiterzugeben und die Menschen mit den passenden Steinen auf ihrem Lebensweg begleiten zu dürfen.

Egal in welch schwieriger oder aussichtsloser Situation sie sich befinden, sie gelangen alle wieder zu mehr Liebe, Freude, Glück und Erfolg in ihrem Leben. Das wichtigste Ziel, das wir erreichen können, ist es, wieder bei uns selbst anzukommen, unseren inneren Frieden zu finden.

Ich freue mich immer, wenn ich sehe, wie sich die Menschen durch die Kraft der Heilsteine positiv verändern, es ihnen damit besser geht und welche Fortschritte sie in ihrem Leben damit machen.

Ohne meinen Sohn hätte sich mein Leben nicht so verändert, und ich wäre nie auf diesen Weg gekommen.

Dafür bin ich ihm heute sehr dankbar!

Eine Nachricht von Louis an Julie

Für meine kleine Schwester:

Liebe Julie,
ich habe dich sehr lieb.
Ich will dir sagen: Egal wie alt du bist oder in welcher Situation
du dich in deinem Leben später einmal befindest, denke immer
daran, dass du ein sehr wertvoller Mensch bist. Du bist es wert,
hier zu sein, und alle lieben dich!

Ich schicke dir jeden Tag ganz viel rosa Licht. Das ist das Licht
und die Farbe der Liebe; ich schicke dir ganz viel Liebe und eine
Menge Sterne, ganz viele klare, leuchtende Sterne. Sie werden dir
einmal ganz viel Glück in deinem Leben bringen.

Wenn du mal nicht mehr weiterweißt und orientierungslos bist,
bin ich da und begleite dich zurück auf deinen Weg. Egal an wel-
chem Ort du dich befindest, du musst keine Angst haben. Ich bin
immer bei dir und passe gut auf dich auf.

Wenn du mich nicht sehen kannst, schließe einfach deine
Augen, und du wirst mich sehen.

Auch nachts bin ich immer an deiner Seite und besuche dich in
deinen Träumen. So wie Lilly.

Habe keine Angst, du bist niemals alleine! Ich bin immer bei
dir!

Ich habe dich sehr, sehr lieb.
Dein großer Bruder

Louis ist in Frieden und vollkommener Liebe

Das Wichtigste beim Loslassen ist die Vergebung.

Wenn wir nicht bereit sind, uns und allen anderen zu vergeben, können wir unser Herz nicht öffnen, nicht die Liebe unserer Kinder spüren, nicht den inneren Frieden in uns finden, nicht zur Ruhe kommen.

Jahrelang habe ich Wut, Zorn und Schuld mit mir herumgetragen. Ich hatte schon einen richtigen Hass auf die Ärzte. Ich hatte solche Wut auf die Menschen in meinem Leben, die mich im Stich gelassen haben. Ich machte mir selbst Vorwürfe, nicht alles getan zu haben und in allem versagt zu haben. Ich hatte sogar eine Wut auf Gott.

Ich war so voller Wut und Schuld, ich konnte dem Ganzen so nicht zustimmen. Ich konnte nicht zustimmen, wenn mir jeder sagte, ich hätte mein Bestes getan, nicht zustimmen, dass mein Sohn gegangen war, und nicht vergeben, dass mir das Liebste auf der Welt einfach so genommen wurde.

Ich konnte anfangs nicht verstehen, dass er seinen Frieden gefunden hatte und in vollkommener Liebe war. Mein Herz war wie aus Stein, ich konnte seine Liebe, sein Glück, das Licht, das Louis jetzt war, nicht spüren, weil mein Herz so verschlossen war.

Ich dachte immer, vergeben, wie sollte ich denn nur vergeben und loslassen? Mein Schmerz war viel zu groß. Es dauerte eine Weile, bis ich an dem Punkt ankam, wirklich loslassen zu wollen.

Ich begann intensiv an mir zu arbeiten, noch einmal durch den Schmerz zu gehen, ihn zuzulassen und vergeben zu lernen. Je mehr ich mich bemühte, in Liebe zu sein, mir zu vergeben, dem Ganzen zuzustimmen und zu meinem inneren Frieden zu gelangen, desto besser ging es mir.

Es fiel mir leichter, über Louis und auch über seinen Tod zu reden, es fiel mir leichter, zum Friedhof zu gehen. Sogar Geburtstage und Todestage wurden erträglicher. Immer wieder kamen diese Tiefs, Depressionen, Sinnlosigkeit. Aber diese Phasen wurden immer weniger und immer kürzer.

Es ist klar, dass es immer mal Momente geben wird, in denen mein Sohn mir fehlen wird, und wenn es nur für zwei Minuten ist. Aber je offener ich bin, desto mehr spüre ich seine Liebe und seine Wärme um mich, sooft und wo immer ich will. Wenn ich Louis mal brauche, ist er da. Es ist jetzt auch ein anderes Gefühl, es tut mir nicht mehr weh.

Ich bin an dem Punkt in meinem Leben angelangt, an dem ich dankbar dafür sein kann, wenn ich mir hin und wieder im Vorbeigehen oder beim Aufräumen das Foto meines kleinen Sohnes ansehe und er mich anlacht. Ich habe meinen inneren Frieden gefunden und bin dort angekommen, wo ich hin wollte. Es hat zwar fast sechs Jahre gedauert, aber ich kann die unendliche Kraft der Liebe und der Ruhe wieder in mir spüren. Ich kann wieder glücklich sein.

In diesem Jahr werde ich das erste Mal mit Lilly und Julie so richtig Weihnachten feiern. Die letzten Jahre hatten wir nicht einmal einen Weihnachtsbaum. Es gab für mich kein Weihnachten mehr.

Jetzt bin ich innerlich so mit mir im Reinen, dass ich mich sogar auf Weihnachten mit meinen Töchtern freue. Und ich weiß, dass unser kleiner Louis mit dabei sein wird und in seiner Liebe genauso glücklich ist wie wir.

Was wir von Louis gelernt haben

Vor ein paar Tagen hatte ich einen Traum, wie ich ihn zuvor noch nie erlebt hatte.

Ich träumte von einem kleinen blonden Mädchen. Es war so klein und hilflos, vielleicht gerade mal drei Jahre alt! Ich sah, wie die Mutter es schlug. Sie schlug das kleine Mädchen so sehr, dass die rechte Pobacke blutete, aber nur die rechte. Als die Mutter aufhörte, gab sie das kleine Mädchen zu ihrer Oma, die es in den Arm nehmen und trösten, ihm Liebe und Schutz geben sollte. Die Oma aber schlug die Kleine ebenso. Die linke Pobacke blutete genauso stark wie die rechte. Das kleine blonde Mädchen stand völlig nackt und blutig, so ganz alleine da und weinte. Es war völlig hilflos und in seinem Schmerz verirrt. Es hatte diese körperlichen Schmerzen, aber noch viel schlimmer waren die seelischen. Diese tiefe Wunde in seinem Herzen, die man ihm zufügt hatte. Es war keiner da, der es tröstete, es liebte und ihm Schutz gab. Ich wachte mitten in der Nacht auf und konnte diesen Schmerz in mir selbst fühlen. Es war ganz eigenartig!

Zuerst wusste ich nichts mit dem Traum anzufangen. Ich fühlte immer noch diesen Schmerz in mir und überlegte, warum ich so etwas geträumt hatte. Nach ein paar Minuten schossen mir die Gedanken nur so durch den Kopf. Ich hatte die Botschaft meines Traumes verstanden, es ging um Achtung und Wertschätzung.

Mir stellten sich viele Fragen:

Haben wir das Recht, unsere Kinder zu schlagen, wie es manche Eltern heute immer noch tun?

Haben wir das Recht, unsere Kinder zu beschimpfen oder anzuschreien?

Haben wir das Recht, unsere Kinder unter Druck zu setzen,

ihnen Vorschriften zu machen, wie sie ihr Leben leben sollen, nur weil wir es gerne so hätten, nur weil wir sie uns gerne anpassen oder gleich machen würden?

Haben nicht eher unsere Kinder das Recht, von uns geliebt zu werden, unendliche Liebe zu erfahren und von uns so angenommen zu werden, wie sie in Wirklichkeit sind, in ihrem vollkommenen Sein?

Müssten wir sie nicht eher stützen, ihnen Halt, Sicherheit und Geborgenheit geben und sie in Liebe betten?

Unsere Kinder kommen in vollkommener Liebe und Dankbarkeit zu uns auf die Welt. Und vom ersten Augenblick an erwarten wir schon zu viel von ihnen. Wir erwarten, dass sie hoffentlich ziemlich unkompliziert sind, schnell durchschlafen, immer gut trinken, am besten kein Bauchweh haben und wenig schreien.

Mir ist in meinem Traum klar geworden, dass wir in den meisten unserer Verhaltensweisen die Achtung und den Respekt vor unseren Kindern verloren haben. Wir sind im Stress, tragen Ängste, Wut und Aggressionen in uns, manchmal auch Schuld, und unsere Kinder sind oftmals unser Ventil, nur weil sie sich in dem Moment unserer Meinung nach falsch verhalten haben oder zum falschen Zeitpunkt etwas Falsches gesagt oder gefragt haben. Dabei war es für sie weder der falsche Augenblick noch der falsche Gedanke, noch die falsche Frage.

Und das alles nur, weil wir uns selber nicht in Liebe befinden, weil unsere Herzen verschlossen sind und wir oftmals die unendliche, bedingungslose Liebe selbst in uns nicht mehr spüren können. Weil wir unzufrieden mit uns selbst und mit unserem Leben sind.

Wir fühlen uns oft von unseren Eltern tief in unserem Inneren nicht gesehen und geliebt. Viele von uns haben das Gefühl, es nicht wert zu sein, geliebt zu werden und überhaupt am Leben zu sein. Diese Blockaden sind durch unsere Eltern oder andere Menschen entstanden, die genau solche Erfahrungen machen mussten, als wir noch klein waren, wie unsere Kinder sie jetzt teilweise durchmachen müssen.

Wir haben die Achtung und den Respekt vor uns selbst verloren und sollten bei uns selber anfangen, etwas zu verändern, bevor wir es an unseren Kindern versuchen.

Wenn wir uns unsere Kinder als Babys genauer betrachten würden, würden wir uns für ihre Liebe öffnen und versuchen, sie nicht nur im Außen zu sehen, sondern ihr Inneres, als Ganzes, als Eins. Dann würden wir erkennen, wie rein sie wirklich sind, wie viel Dankbarkeit und Liebe sie uns mitbringen, wie ihre kleinen Augen leuchten und wie unendlich groß die Kraft des Lichtes ist, das sie in Wirklichkeit sind. Diese Eigenschaften behalten sie so lange bei, bis wir versuchen, sie zu ändern und sie uns anzupassen.

Unsere Kinder empfinden unglaublich viel Liebe. Wenn Kinder in der eigenen Familie misshandelt oder sogar missbraucht werden, empfinden sie oftmals trotzdem noch genauso viel Liebe tief in ihren Herzen wie zuvor, trotz dieses großen Schmerzes, den sie erfahren haben. Ihre Liebe ist so unendlich groß.

Die meisten von uns haben sich in sich selbst verloren und können deshalb die Liebe ihrer Kinder nicht mehr sehen. Das stellen wir meistens erst durch Schmerz fest. Nur durch Schmerz verändern wir uns. Oftmals ist es so, dass wir den Wert eines Menschen, vor allem eines Kindes, unseres eigenen Kindes, das wir über alles lieben, erst durch den Verlust oder den Tod dieses Kindes erkennen.

Wir stellen mit der Zeit fest, dass die Liebe zu unseren Kindern, die Nähe und Fürsorge zu ihnen die Priorität in unserem Leben sein sollte, und das mit jedem neuen Tag.

Wenn unsere Kinder nicht mehr greifbar sind, ihr kleiner Körper nicht mehr da ist, ist auch alles, was wir vorher als falsch, schlecht oder negativ betrachtet haben, in Vergessenheit geraten. Man würde in so einem Moment alles tun, alles in Kauf nehmen, nur um sein Kind zurückzubekommen. Dann fangen die Schuldgefühle an, Selbstvorwürfe, Gedanken, was man noch alles machen wollte, was man noch nicht gemacht hat oder was man gerne anders gemacht hätte. Aber dann ist es zu spät.

Auch ich hatte lange Zeit diese Gedanken, habe mir Selbstvorwürfe gemacht, hatte jede Menge Schuldgefühle und hätte gerne das eine oder andere bei meinem kleinen Sohn anders oder gar rückgängig gemacht. Das war der Prozess, in dem ich lernen musste zu vergeben, vor allem mir zu vergeben.

Heute weiß ich, dass Louis mir alles, was ich falsch oder überhaupt nicht mit ihm gemacht habe, vergeben hat. Das ist für ihn nicht mehr wichtig. Aber ich hatte ganz oft das Gefühl, versagt zu haben, und das war schlimm für mich, sehr schlimm sogar. Ich habe Kinder immer schon etwas anders gesehen, schon als ich noch klein war.

Natürlich verliere auch ich mich manchmal im Stress, bin voller Wut und Zorn, wenn ich mich gerade über etwas geärgert habe. Und oftmals sind genau in diesem Moment meine Kinder irgendwo mit im Spiel, sind das Ventil, obwohl sie ja gar nichts dafür können, weil es meine Schuld ist.

Es tut mir danach oft selber weh, dass ich gelegentlich mit weinen muss. Aber ich schaffe es mittlerweile schon sehr oft, wenn ich merke, es kommt jetzt so einer Situation, vorher umzudenken oder zumindest nicht ganz so auszuflippen wie früher.

Ich versuche immer mehr, meinen beiden Töchtern Lilly und Julie die Liebe und Geborgenheit zu geben, die sie jetzt brauchen, und sie auf ihrem Lebensweg zu begleiten, anstatt ihnen ihren

Weg vorzuschreiben. Ich versuche sie zu unterstützen, zu achten und zu schätzen in dem, was sie tun und wer sie wirklich sind.

Das heißt nicht, dass man ihnen keine Regeln und Grenzen setzen soll. Meine Kinder haben ihre Regeln und Grenzen, und trotzdem fördere ich ihre Stärken und helfe ihnen bei ihren Schwächen. Es sind keine Regeln, die meine Töchter verbiegen und sie zu Menschen machen, die sie nicht sind. Sie gehen ihren eigenen Weg und lernen von klein auf, sie selbst zu sein, mit meiner Hilfe. Sie lernen genau das, was wir im Laufe der Jahre verloren haben, und das macht ihnen ihr Leben später einmal viel leichter.

Wenn wir wieder zu uns selbst gefunden haben, die Liebe und Zufriedenheit, den inneren Frieden in uns gefunden haben, sind wir in Harmonie und dem Einklang mit uns selbst und unserem Leben.

Für diese Erfahrung und die Erkenntnis des Ganzen bin ich meinem kleinen Sohn sehr dankbar. Durch Louis hat sich mein Weg, mein Denken, meine Prioritäten, ja mein ganzes Leben verändert. Ich bin ihm sehr dankbar dafür, dass er mich auf meinem Weg begleitet hat und mir gezeigt hat, wie es auch anders geht, wie ich wieder zu mehr Licht und Liebe werden konnte, meinen inneren Frieden gefunden habe und wieder glücklich sein kann und diese Werte, auch Achtung und Respekt, meinen Kindern in Liebe weitergeben kann.

Durch die Erfahrungen, die ich mit meinem Sohn Louis gemacht habe, bin ich auf meinen jetzigen Lebensweg gekommen. Ich musste mein ganzes Bewusstsein ändern. Durch ihn habe ich so viele tolle Dinge kennengelernt, von denen ich vorher gar keine Ahnung hatte, dass es so etwas überhaupt gibt.

Ich lernte viele interessante Leute kennen, die alle von verschiedenen Ebenen kamen. Ich lernte, das Leben an sich anders zu sehen als früher, wieder mehr Liebe in mir selbst zu finden, mehr

Zufriedenheit und Freude, Harmonie in mir zu spüren. Lösungen zu finden und Dinge, die unmöglich erschienen, nur mit der Kraft meiner Gedanken zu erschaffen. Wege zu gehen und Ziele zu verfolgen, die ich als unerreichbar ansah. Ich durfte lernen, was es heißt, bedingungslos zu lieben, zu lieben, ohne zu erwarten.

Ich erwarb im Laufe der Zeit die Fähigkeit, das Besondere in Edelsteinen und Kristallen zu erkennen und deren heilende Wirkung auch bei anderen Menschen in jeglicher Lebenssituation gezielt einzusetzen und sie auf ihrem Weg zu begleiten.

Ich freue mich, dass ich mein Wissen an andere Menschen weitergeben und ihnen zu mehr Liebe und Harmonie, Freude und Zufriedenheit in ihrem Leben verhelfen darf.

Es ist ein wunderbares Gefühl, endlich anzukommen, einfach nur Licht und Liebe sein zu dürfen und Freude zu empfinden, nur ich selbst zu sein.

Louis' Nachricht für alle Menschen

Wenn ihr Menschen auf dieser Welt wüsstet, wie viel Licht und Liebe in euren Kindern steckt, auch wenn sie schon gegangen sind, wie viel Freude und Glückseligkeit diese Kinder empfinden, dann könntet ihr beginnen zu verstehen und loszulassen.

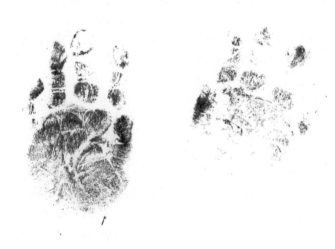

Schlusswort

Als ich über diesem Buch saß und ungefähr 50 Seiten geschrieben hatte, wusste ich nicht mehr weiter, bis mir in der darauffolgenden Nacht eine Idee kam. Ich wollte meinen Sohn Louis selber fragen, indem ich über ein Medium Kontakt mit ihm aufnahm. Ich wollte genauere Antworten auf meine Fragen bekommen, als wenn ich nur so mit Louis kommunizierte oder von ihm träumte. Einen Tag später bekam ich einen Termin und freute mich sehr.

In all den Jahren hatte ich nicht einmal an diese Möglichkeit gedacht. Ich glaube, selbst vor einem Jahr wäre ich noch nicht so weit gewesen.

Das war also das erste Mal, dass ich mit Louis Kontakt aufnahm, und es war wunderschön. Er erklärte mir, dass die Seelen unserer verstorbenen Kinder nur in Liebe und Freude leben. Es gehe ihnen dort sehr gut, wenn ihre Eltern sie gehen ließen und nicht mehr an ihnen festhielten.

Solange wir nicht verstehen können und vor allem wollen und beginnen, unsere Kinder loszulassen, gehe es ihnen auch nicht gut. Die kleinen Seelen können nicht frei sein, nicht in der Leichtigkeit und der Liebe ihres Seins sein. Sie können nicht richtig glücklich sein, wenn ein Teil ihrer Seele noch hier festgehalten wird.

Wenn wir unser Herz öffnen, unseren Schmerz erkennen und zulassen, beginnen wir zu verstehen, dass uns diese kleinen Seelen immer wieder besuchen und wir ihre Liebe genauso spüren können wie zuvor, als sie noch bei uns waren. Wir müssen Vergebung und Loslassen lernen, damit öffnen wir unser Herz für die Liebe und Freude in unserem Leben. Wir lernen, wieder glücklich zu sein, mit der Liebe unserer Kinder an unserer Seite, die so unendlich groß ist.

Das ist das Einzige, was sich unsere Kinder wünschen: dass wir wieder glücklich sind!

Eine Nachricht jedes einzelnen verstorbenen Kindes an seine Eltern:

Lieber Papa, liebe Mama,

ich weiß, dass ihr euch durch meinen Verlust in großer Angst und Trauer befindet.

Ich wünsche mir, dass ihr nur einen Moment lang spüren könntet, wie viel Liebe und Leichtigkeit bei dem Übertritt in eine andere Welt in mir war. Ihr könntet mich verstehen und eure Trauer sofort in unendliche Liebe umwandeln. Denn das ist das, was ich mir am allermeisten wünsche.

Ich möchte für immer in dieser leichten und liebevollen Energie mit euch verbunden sein.

Ich bin so dankbar, dass ich diese kurze Zeit bei euch sein durfte!

In ewiger Liebe
Euer Kind

Einem ganz besonderen Menschen in meinem Leben möchte ich noch persönlich danken.

Liebe Mama,
ich möchte mich von ganzem Herzen bei dir bedanken; für alles, was du für Louis und mich getan hast, für deine Unterstützung und deine Hilfe während der ganzen letzten Jahre seit Louis' Geburt; für deine Liebe und Wärme, die du ihm geschenkt hast, für jede Situation, die du zusammen mit uns durchgestanden hast, in der ich dachte, Louis würde sterben, in allen schlechten und auch schönen Zeiten, die wir mit ihm hatten.

Danke, dass es dich gibt!

Danke, Mama.
Ich habe dich sehr lieb.

Danksagung

Ich bedanke mich bei all den wunderbaren und liebevollen Menschen, die meinen Sohn Louis und mich auf diesem schweren Weg begleitet haben.

Ich danke unseren Freunden, Ärzten und Therapeuten, die mir halfen, Louis wieder aufzubauen.

Ich danke euch sehr und weiß, auch Louis ist euch unendlich dankbar.

Vor allem aber gilt der Dank meiner Familie, die immer zu mir stand, mir an schwierigen Tagen Halt gab und immer für mich da war und ist. Meiner Familie, die unseren kleinen Louis über alles liebte und es auch heute noch tut.

Wir haben euch alle lieb.
Vielen Dank!

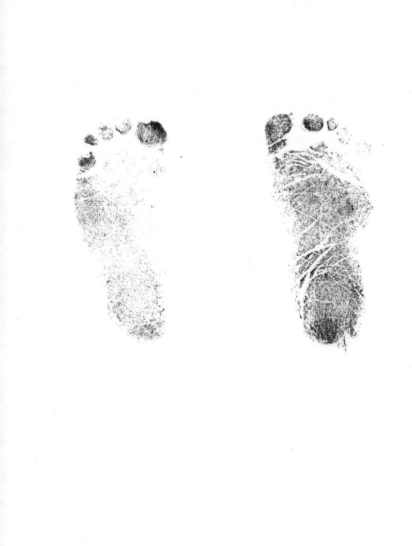